MÉMOIRE SUR LA LITHOTRITIE

RÉPONSE A M. LE DOCTEUR HEURTELOUP

LUE A LA SOCIÉTÉ MÉDICALE DU PANTHÉON

Par le Dr Aug. MERCIER

Messieurs,

M. Heurteloup vous a communiqué un travail qu'il a commencé à lire depuis à l'Académie de Médecine, et dans lequel, quoique plus modéré que dans les libelles qu'il publie, il a passablement maltraité tous ceux qui l'ont précédé ou suivi dans la pratique de la lithotritie. Vous l'avez entendu : il est l'alpha et l'oméga de cette partie de la science, et, s'il n'a pas ajouté : « Hors de mes mains point de salut, » il vous l'a donné clairement à comprendre.

Une commission aurait été nommée sans doute par l'Académie pour examiner son travail ; mais comme, par la publication qui en est faite en ce moment, celui-ci échappe à cet examen, permettez-moi de vous démontrer le plus brièvement qu'il me sera possible que les critiques de M. Heurteloup portent presque toujours à faux, que bien des fois il a manqué de justice et souvent même de reconnaissance.

Il vous a dit en premier lieu que de tous ses prédécesseurs dans l'art de broyer la pierre un seul avait été sérieux. Celui-ci, quel est-il ? Est-ce Gruithuisen, le seul qu'il a nommé, sans doute parce qu'il est mort ? Je ne sais ; mais, si cela était, comme le procédé du médecin bavarois était tout à fait inapplicable, il faudrait en conclure que, de l'avis de M. Heurteloup, c'est à lui que nous devons tout ce que nous possédons de pratique sur ce sujet. Et, en effet, de ce que d'autres ont fait avant lui et depuis lui, tout est mauvais et manque de sens commun, tout, à commencer par le nom.

Il veut que le mot *lithotritie* vienne de λίθος, pierre, et de τέρειν, percer ; mais, dès l'origine, le percement n'était pas en but, ce n'était qu'un moyen d'arriver au broiement complet. Pourquoi donc ne pas admettre que ce mot ait été formé de λίθος, et de τρίβειν, broyer, ou τείρειν, qui a la même signification, et d'où les Latins ont fait *terere*, participe passé *tritus*, d'où ils ont fait encore *triturare* et nous *triturer, détritus* ? Ainsi le mot *lithotritie* est encore aujourd'hui suffisamment exact, et il a l'avantage d'être plus euphonique et surtout plus usité que celui de *lithotripsie*.

Arrivons à des considérations plus importantes.

Dans l'ouvrage que j'ai publié en 1856 (p. 539), j'ai fait un court

historique de la lithotritie, que j'ose dire exact et impartial, et j'ai prouvé qu'on doit reconnaître M. Fournier, de Lempdes, comme le principal auteur des instruments qui ont été imaginés de 1812 à 1830 : M. Leroy l'a reconnu lui-même, un peu tard il est vrai, et le plus rarement possible ; mais enfin il l'a reconnu (voir ses *Mém. et Lettres*, p. 315 ; 1844). Quoi qu'il en soit d'ailleurs de la paternité de ces instruments, est-ce qu'ils n'ont pas été employés avec succès ? Est-ce que le brise-pierre publié par Jacobson en 1830, et qui a une si grande analogie d'action avec le brise-pierre actuel, n'a pas été employé avec succès ? Ne pas reconnaître dans l'invention de ces procédés des œuvres *sérieuses*, c'est manquer évidemment de justice.

Ce n'est pas tout. M. Heurteloup habitait depuis un an ou deux l'Angleterre lorsqu'en 1831 il se proclama l'inventeur de l'instrument qu'il vous a décrit sous le nom de *percuteur*. Or, sans parler de plusieurs inventions analogues qui paraissent avoir été faites dans ce pays, mais qui ne reçurent pas une publicité suffisante, il en est une dont l'auteur est un fabricant de Londres, M. Weiss, et qui fut figurée dans un catalogue publié en 1825. J'ai eu en main ce catalogue ; l'instrument s'y trouve décrit et représenté dans tous ses détails. M. Leroy en a donné une copie réduite à la page 40 de son *Histoire de la Lithotritie*, et, quoique cette brochure ait été publiée en 1839, c'est-à-dire au plus fort de l'amitié qui unissait MM. Heurteloup et Leroy, ce dernier n'a pu s'empêcher de dire que l'instrument de Weiss « ressemble tout à fait au percuteur. » Il pouvait écraser les pierres molles au moyen d'une vis et d'un écrou, et une petite scie logée entre ses deux branches devait les scier quand elles étaient dures.

La question est maintenant de savoir si M. Heurteloup a connu cette publication ; mais je n'ai pas besoin de vous rappeler la publicité que reçoit un catalogue, surtout en Angleterre ; je n'ai pas besoin de vous dire non plus si un homme venu à Londres pour y importer la lithotritie a pu ne pas avoir connaissance d'une tentative pareille. Voici d'ailleurs une lettre de M. Weiss fils, dans laquelle je copie ce qui suit, avec les mots soulignés : « Je suis prêt à prêter le serment le plus *solennel* que j'ai *moi-même* fait voir et expliqué le brise-pierre de 1824 à M. Heurteloup, dans l'an 1830. »

Ainsi on a en quelque sorte présenté à M. Heurteloup le lithotribe courbe à deux branches, et entre celles-ci un calcul comprimé par une vis, et il a eu l'idée de frapper sur la branche mâle : voilà ce qui lui appartient. Il a associé le marteau au brise-pierre ; mais cette association, je conviendrai franchement que c'était une grande idée : sans elle bien des pierres seraient réfractaires à l'écrasement, et la scie n'aurait eu qu'une action beaucoup trop lente.

Toutefois il m'est permis de conclure qu'en parlant des fabricants comme il l'a fait M. Heurteloup a manqué de reconnaissance.

Autre exemple :

Il vous a présenté un percuteur qu'il vous a dit être celui de 1831. Quel que soit le sens qu'il attache à cette phrase, il a évidemment manqué de mémoire. La tige de la branche femelle de 1831 n'était pas creusée en gouttière comme dans l'instrument qui vous a été montré, mais formée de deux lames parallèles entre lesquelles glissait la pièce mâle, ce dont vous trouverez la preuve à la page 9 des *Mém. sur la Lithotripsie* publiés par M. Heurteloup en 1833. Or, si la gouttière est un perfectionnement, et l'on ne saurait en douter puisqu'il l'a adoptée malgré son esprit si exclusif, il a encore manqué de reconnaissance ; car c'est à un fabricant qu'il doit cette idée, à M. Charrière, je crois.

Pour nous expliquer certaines choses véritablement inexplicables, il se rejette à chaque instant sur l'injustice de ses confrères et sur les plagiats qu'on lui a faits. Mais, en vérité, y a-t-il eu un inventeur plus heureux ? Vous voyez que la lithotritie n'est pas sortie tout entière de son cerveau, comme Minerve tout armée de celui de Jupiter ; et cependant que lui a-t-il manqué ? Les récompenses académiques : il a été couronné trois fois par l'Institut : il le dit chaque jour dans ses annonces ; l'assentiment public : tout le monde parle de l'ins.trument courbe à deux branches comme s'il était de lui ; les bénéfices d'une grande clientèle : mais pendant longues années il a exploité seul la Russie et l'Angleterre, et, lorsqu'il est revenu en France, il était précédé d'une immense réputation que certains lui avaient faite parce qu'ils voulaient en profiter eux mêmes en se plaçant sous son égide, et que d'autres avaient laissé faire parce qu'elle pouvait éclipser des réputations qui leur portaient ombrage.

Quant aux plagiaires, quel est le plus mince inventeur qui aurait la prétention de s'y soustraire dans ce temps où ceux qui ne font rien, rien de bon s'entend, sont les plus affamés ?

Avant de vous entretenir des instruments et des procédés opératoires, permettez-moi de revenir sur une question qui a déjà été débattue dans l'une de vos précédentes séances.

Il paraît que M. Heurteloup soumet assez souvent au chloroforme ceux qu'il lithotritie ; on m'a parlé dernièrement d'un malade qu'il avait opéré une première fois sans cet anesthésique, et qui demanda lui-même à y être soumis la seconde. Or personne ne nie aujourd'hui que, l'emploi du chloroforme n'ait été suivi d'accident, et cet accident n'est rien moins que la mort ; il est en outre facile de comprendre que, s'il est une opération dans la pratique de laquelle le sommeil anesthésique puisse avoir des inconvénients, c'est la lithotritie; et néanmoins c'est un chirurgien qui se vante d'opérer ses malades sans douleur qui a si souvent recours à ce moyen! Les causes et les effets s'enchaînent: si les malades de M. Heurteloup ne souffraient pas, il ne leur proposerait pas le choloroforme; ils ne le demanderaient pas après un premier essai.

Je vous ai dit, Messieurs, que je ne l'avais employé que deux fois et je vous ai exposé les circonstances et les résultats. Par la raison que la lithotritie, avec les précautions que j'emploie, n'est pas une opération très-douloureuse, je me garde de soumettre mes malades aux mauvaises chances du chloroforme, si rares qu'elles soient, et, une fois la première séance faite, il n'est je pourrais presque dire jamais arrivé qu'ils me le demandassent à la seconde.

Vous vous rappelez que nous fûmes loin d'être d'accord, M. Heurteloup et moi, relativement à l'influence du chloroforme sur la contractilité vésicale. Il vous a dit que la vessie tolérait bien plus facilement alors l'injection; de mon côté je vous ai fait observer que le col de la vessie perd plus promptement sa contractilité que le corps de cet organe, et que, d'après mes deux observations, il en résulte précisément le contraire de ce qu'annonce M. Heurteloup. J'ai ajouté qu'il était fort heureux qu'il en fût ainsi, par la raison que, si les organes soumis au système nerveux ganglionaire étaient aussi promptement influencés par les anesthésiques que ceux qui dépendent du système encéphalo-rachidien, il en résulterait des accidents bien plus fréquents encore, puisque le cœur lui-même cesserait bientôt de battre.

Quoique je fusse sûr d'avoir bien vu ce que j'avais observé, comme je n'imite pas certains adversaires qui croient toujours avoir seuls raison, je me suis, depuis ce temps, demandé à quoi tient une telle divergence d'opinion. Voici à quoi je suis arrivé, et c'est précisément pour vous le dire que je suis revenu sur ce sujet.

Chez mes deux malades il y avait une sensibilité, ou pour mieux dire une inflammation très-intense de la muqueuse vésicale et une hypertrophie considérable de la couche charnue. Aussi à peine parvenait-il une cuillerée ou deux d'injection dans la vessie que celle-ci l'expulsait autour de la sonde, malgré que je comprimasse le canal, précaution bien simple, que M. Heurteloup croyait cependant inconnue à ses confrères, tant il a bonne opinion d'eux! Après l'emploi du chloroforme, c'était encore pis. Aussi, vous ai-je dit; l'un fut taillé, et il succomba; quant à l'autre, qui, soumis à la même opération, aurait eu infailliblement le même sort, j'eus la hardiesse de combattre, malgré la présence de la pierre, l'excessive sensibilité de la vessie par des injections concentrées de nitrate d'argent, et, après la quatrième, la lithotritie marcha sans encombre. (V. mes *Rech. sur le Trait. des Mal. urin.*, etc., p. 326.)

Ne se pourrait-il pas que les conditions dans lesquelles M. Heurteloup a employé le chloroforme ne fussent pas aussi graves? Ne se pourrait-il pas que les efforts d'expulsion dépendissent, chez ses malades, des contractions de l'abdomen plutôt que de celles de la vessie? Ainsi se trouverait expliquée une apparente contradiction.

J'arrive enfin, Messieurs, au sujet principal.

L'appareil de M. Heurteloup se compose de deux sortes de percuteurs, l'une à dents et l'autre à cuillers, d'un marteau, d'un lit spécial et d'un étau qu'il nomme point fixe, sans doute à cause de son antipathie pour les fabricants, à qui il ne veut rien devoir, pas même un nom.

Une question préliminaire se présente. Nous lisons tous les jours dans les journaux politiques que l'auteur a imaginé des instruments bien plus parfaits que ceux qu'il nous présente; pourquoi alors nous vanter, et surtout pourquoi employer journellement ceux-ci? Il me semble que, lorsqu'un homme nous livre sa vie, c'est un devoir pour nous de répondre à sa confiance par l'emploi de ce que nous avons de plus parfait. Je dis plus : pourquoi nous reprocher de chercher à modifier lorsqu'on convient soi-même qu'il peut être fait mieux, et surtout lorsque, non content de tenir ses prétendus perfectionnements sous le boisseau, on ne nous présente encore le reste que dans un demi-jour? Ainsi, le lit, on nous dit qu'il a été perfectionné, mais que ces perfectionnements ne seront publiés qu'avec les instruments inédits (*De la Lith.*, p. 107, 1846); le point fixe de courbe est devenu droit; mais on n'en dira les raisons que dans la même publication (*ibid.*, p. 111). Les percuteurs eux-mêmes, vous dit-on quel est l'établissement bienheureux qui jouit des inspirations du maître et où vous pourrez vous les procurer? Nullement; il paraît que M. Heurteloup a un ouvrier qui ne travaille que pour lui. Il n'est pas jusqu'à l'huile, Messieurs, jusqu'à l'huile destinée à lubrifier ces instruments, qui ne doive être *appropriée*, dit-on, sans qu'on daigne nous révéler en quoi consiste cette hermétique et merveilleuse appropriation (*ibid.*, p. 116). Qu'on ne trouve donc pas mauvais que nous fassions comme nous pouvons. Toutefois, avant que nos efforts soient condamnés sans appel, examinons.

Un des préceptes sur lesquels M. Heurteloup insiste le plus, c'est de se servir toujours d'instruments « aussi volumineux que possible » (*ibid.*, p. 115); les nôtres, il les appelle dédaigneusement des instruments de poche. Mais ce fort volume est-il nécessaire? est-il utile? est-il sans inconvénients?

1º Je dis qu'il n'est pas nécessaire. Nos instruments, lorsqu'ils sont bien trempés, condition indispensable pour tous, suffisent à broyer les pierres les plus dures; et remarquez, Messieurs, combien il serait fâcheux qu'il en fût autrement : c'est souvent chez les malades qui ont le canal le plus étroit que les pierres sont le plus dures, chez les enfants par exemple ; chez les vieillards, qui ont le canal si large, ce sont les pierres phosphatiques qui prédominent. Or comment ferait-on chez les premiers si un fort volume avait tant d'importance ? Je viens, avec l'aide du docteur Cousin, de débarrasser d'un calcul très-dur, et de 5 centimètres au moins de diamètre, un malade chez lequel il ne fut pas possible d'employer des instruments de plus de 5 millimètres.

2° Ce volume est-il utile ? On dit qu'il empêche le liquide contenu dans la vessie de sortir (*De la Lithotr.*, p. 115). D'abord ce serait un obstacle bien insuffisant si le col de cet organe n'agissait pas ; ensuite, chez les jeunes sujets, nos instruments remplissent le canal, tandis que, dans un âge plus avancé, surtout dans la vieillesse, où la pierre s'accompagne le plus de complications du côté de la vessie, la région profonde de l'urètre est si large, comparativement à sa portion antérieure, qu'il est absolument impossible d'introduire des instruments assez gros pour la boucher.

3° Un fort volume est-il sans inconvénients ? Non ; d'abord parce que, même avec nos instruments, le passage du méat et de la fosse naviculaire est un des temps les plus douloureux de l'introduction, et que nous sommes même quelquefois obligés de débrider l'orifice ; ensuite parce que, avec un instrument serré dans le canal, on sent beaucoup moins ce qui se passe dans la vessie.

En second lieu, M. Heurteloup blâme vertement les mors de nos lithotribes, et, pour avoir plus facilement raison, non-seulement il a choisi les formes les plus mauvaises, mais encore il leur a créé des inconvénients imaginaires.

A l'entendre, les chirurgiens du monde entier, excepté lui, n'emploient d'autre instrument que celui à dents complétement fenêtré, qu'il appelle *à bec de grue*, ou celui dont la branche femelle seule représente une cuiller aplatie, et qu'il nomme *à bec de canard*. En voici un, Messieurs, que je possède depuis près de vingt ans ; en voici un autre plus récent : ont-ils l'une de ces formes qu'on signale à votre réprobation ? Je n'ai pas attendu jusqu'à ce jour pour reconnaître les inconvénients des deux brise-pierre en question (*Rech. sur le Trait. des Mal. urin.*, etc., p. 546 et 549). D'autres chirurgiens très-répandus les rejettent également ; vous l'a-t-on dit ?

D'ailleurs ces instruments ont-ils tous les défauts qu'on suppose ? Non ; le brise-pierre fenêtré, par exemple, on prétend que son dos inégal, tranchant, laboure le canal pendant l'introduction ; mais on se garde d'ajouter qu'il est facile d'éviter cet effet à l'aide d'un peu de suif qui nivelle ses saillies. On l'accuse, lorsqu'on déprime avec son talon la paroi postérieure de la vessie, de présenter à celle-ci deux lames étroites au lieu d'une surface large et polie ; c'est vrai, et c'est là son principal défaut. Toutefois il est bon de dire que, si M. Heurteloup a adopté d'une manière exclusive cette manœuvre pour saisir la pierre et les fragments, d'autres ne font pas toujours de même ; d'où il résulte que cet inconvénient est moins grand entre leurs mains qu'il ne le serait entre les siennes. Il accuse encore le bec de la branche femelle d'avoir trop d'épaisseur et de présenter l'élévation d'un vaisseau de haut bord (*sic*) aux fragments qui se présentent à l'abordage ; mais il oublie que cet instrument n'est destiné qu'à rompre le calcul, et qu'on le remplace bientôt par un autre ; que les bastinguages du sien ne sont guère moins élevés, et que ce ne sont pas les quelques crénaux étroits qu'ils présentent qui donnent aux fragments un accès beaucoup plus facile.

Enfin il reproche à la branche mâle d'avoir le mors trop mince d'un côté à l'autre ; il en fait pour ainsi dire une lame de couteau, et du calcul un morceau de plomb ou de bois ; de sorte, dit-il, que celui-ci ne se trouve pas écrasé, mais coupé en deux, et que les fragments sont projetés violemment contre les parois latérales de la vessie. Permettez-moi, Messieurs, de vous faire remarquer que les choses ne sont pas tout à fait telles qu'on les suppose. Voici trois brise-pierre à dents, dont un est fenêtré et un autre pour enfants ; or le mors de la branche mâle de celui-ci a 4 millim. de largeur, et les autres 5 et 7. D'un autre côté les calculs résistants se composent ou de particules agglomérées, comme ceux d'oxalate de chaux, ou de couches concentriques, comme ceux d'acide urique ou d'urates. Pensez-vous que ces corps se laisseront couper comme une substance grasse et homogène ? Il est facile de se convaincre du contraire et que l'objection à laquelle je réponds ne repose sur aucune base.

Un dernier reproche qu'on fait à cet instrument c'est qu'un calcul peut, après s'être laissé pénétrer par les lames, s'enclaver entre elles et s'opposer au rapprochement des branches, ou bien qu'un fragment peut rester pris dans la fenêtre et devenir une espèce de soc de charrue qui déchire les organes (*De la Lithotr.*, p. 59). D'abord une matière comme celles dont se composent les pierres vésicales ne reste pas aussi facilement enclavée qu'on le suppose, et, s'il est vrai que cet enclavement a nécessité des ressources extrêmes, au lieu de dire que cela *est arrivé plusieurs fois*, j'aimerais mieux qu'on en eût cité une seule avec détails. En second lieu, si l'on eût seulement examiné le mécanisme de cet instrument, on aurait vu qu'il est précisément muni d'une rondelle extérieure qui permet de pousser la pièce mâle au delà du talon de la branche femelle, et, par conséquent, de chasser tout fragment qu'elle pourrait retenir.

Mais le percuteur de M. Heurteloup est-il lui-même parfait ? D'abord je lui reprocherai le contraire de ce que son auteur reproche aux autres : il a les deux mors également larges et se juxta-posant de la manière la plus exacte, ce qui l'expose à pincer la vessie, inconvénient qu'on a voulu précisément éviter en faisant que la branche femelle déborde la pièce mâle de toutes parts. Les instruments à mors égaux broient davantage, c'est vrai, et je vous en ferai connaître qui ont les leurs égaux en longueur et en largeur ; mais je les ai munis extérieurement d'un mécanisme qui, tout en permettant à ces mors de broyer suffisamment fin, ne les laisse pas se rapprocher assez pour pincer la vessie.

Et les crénaux dont M. Heurteloup a dentelé les mors de son percuteur, les a-t-il disposés avec la meilleure entente possible de la mécanique, lui qui réduit toute la lithotritie à une simple opération de mécanique ? Eh bien ! non ; il les a placés au contraire de la manière la plus désavantageuse pour la force de son instrument. Quand on veut rompre une barre d'acier, que fait-on ? On y creuse d'un côté à l'autre avec la lime une rainure qui, même peu profonde, en facilite la rupture d'une manière remarquable. Or que fait M. Heurteloup en plaçant les créneaux d'un côté en face de ceux de l'autre ? Précisément ce que fait le forgeron lorsqu'il veut rompre sa barre d'acier. Il a beau dire qu'en faisant « ces parties faibles très-courtes elles sont par cela même très-fortes » (*De la Lith.*, p. 70), la rainure dont je viens de parler est bien moins large encore. Les instruments qu'on trouve dans le commerce sont également creusés de dentelures, mais d'une manière beaucoup plus rationnelle ; vous voyez qu'à une dentelure d'un côté correspond une saillie de l'autre, et réciproquement, de sorte que les mors ont partout la même épaisseur et partant la même résistance. M. Heurteloup, qui doit déjà tant aux fabricants, n'aurait rien perdu à leur faire encore cet emprunt.

Ce chirurgien, après avoir fragmenté la pierre avec le percuteur à dents, se sert du percuteur à cuillers dans tous les cas. C'est alors que d'autres se servent du bec de canard. Quand il y a obstacle au cours de l'urine et que les fragments ne peuvent sortir spontanément, il a raison ; mais en est-il de même quand le canal est libre et la miction facile ? Lorsque les cuillers sont remplies on est forcé de retirer l'instrument, parce que la matière lithique qui s'y trouve tassée ne peut s'en dégager par la simple agitation dans le liquide et qu'elle l'empêcherait d'agir. Il faut donc réitérer un certain nombre de fois les extractions et réintroductions ; mais ces manœuvres, si bien faites qu'on les suppose, sont-elles sans inconvénients pour l'urètre, dans lequel l'introduction d'une simple bougie en a tant quelquefois ? Évidemmeut non. Quand on y est forcé, très-bien ; mais comme ce qu'on retire ainsi n'est que de la poudre, ou à peu près, il n'y a aucune utilité à extraire cette poudre toutes les fois que la miction peut facilement l'entraîner. Dans ces circonstances, je me sers de mon brise-pierre à mors plats, qui broie plus finement encore que celui à cuillers, et, comme il n'a pas besoin d'être extrait tant que dure l'opération, on peut ainsi pousser plus loin celle-ci, parce qu'on fatigue moins le malade (1). L'instrument à bec de canard doit être retiré comme celui à cuillers ; il extrait beaucoup moins à la fois, et il a de plus l'inconvénient que le peu qu'on extrait dépasse souvent ses bords et excorie le canal.

Nous verrons plus loin si le brise-pierre à cuillers de **M. Heurteloup** est lui-même parfait.

Ce chirurgien a imaginé de se servir du marteau, et cette idée est fort heureuse, je le répète ; mais a-t-il également raison de réprouver tout moyen de compression, tout en voulant se donner l'air, aujourd'hui pour la première fois encore, d'en être l'inventeur ? Je vous communiquerai dans un instant ma pensée à cet égard. En attendant, qu'il me soit permis de dire que tous les reproches qu'il fait à nos marteaux sont mal fondés. Il prétend qu'ils sont trop durs : vous pouvez en juger par celui que je vous présente et que j'ai tout bonnement trouvé dans le commerce. Il les dit également trop petits. Je répondrai à cet égard que je n'ai jamais employé le mien avec toute la force que j'aurais pu y mettre, et que je n'ai jamais rencontré de calcul qu'il ne soit parvenu à rompre. Qu'on fasse d'ailleurs bien attention que, quand il s'agit de désagréger un corps peu homogène comme une pierre vésicale, des coups violents ne l'emportent pas autant qu'on pourrait le croire sur des coups modérés, secs et précipités, qui déterminent un ébranlement moléculaire dans ses diverses parties (2). S'il en était autrement, comment ferions-nous chez

______

(1) M. Heurteloup, qui reconnaît les avantages du brise-pierre à mors plats (*Monit. des Hôp.*, 1857, p. 2040), a trouvé mauvais que je l'appelasse *mon* brise-pierre. Est-ce parce qu'il dit que son premier avait les mors plats ? Mais c'est aujourd'hui la première fois qu'il élève cette prétention. Est-ce parce qu'il se réserve la propriété de tout instrument ayant la courbure et le mécanisme du percuteur ? Mais alors ce serait à Weiss père qu'il faudrait faire remonter le sien et mien.

(2) M. Leroy a vanté dernièrement encore une machine à percussion très-compliquée que je croyais oubliée de son auteur lui-même depuis le triste accident qu'elle a produit à l'hôpital Saint-Antoine. C'est une espèce de mouton dans lequel l'action de la pesanteur est remplacée par celle d'un ressort qu'il faut remonter à l'aide d'une manivelle après chaque coup. Les coups évidemment se succèdent bien plus lentement qu'avec un marteau, et ils n'ont pas cette instantanéité qui, en permettant au lithotribe de réagir par son élasticité, prévient sa fracture et désagrége les molécules de la pierre.

les enfants, dont, je le répète, les pierres sont habituellement très-dures, et dont les organes ne permettent pas l'introduction d'instruments volumineux?

Comme M. Heurteloup fait de la lithotritie une opération purement mécanique, il la fait toujours d'une manière invariable, et il prétend qu'on ne peut, sans grand risque pour le malade, tenter le broiement d'une pierre sans son lit mécanique.

Pour saisir cette pierre il appuie le talon de l'instrument sur la paroi postérieure de la vessie, la déprime; il renverse ensuite le malade en arrière, lui imprime des secousses, et la pierre vient d'elle-même se placer entre les mors préalablement écartés.

Je commence par dire que cette manœuvre est souvent bonne; mais est-elle toujours la meilleure? Je réponds hardiment que non. Quand le calcul ou le fragment sont libres, ont un certain volume et un certain poids, quand surtout ils se rapprochent de la forme arrondie, ils se précipitent en effet spontanément vers la partie la plus déclive; mais en sera-t-il de même quand la pierre est chatonnée ou adhérente? quand elle est logée derrière une saillie prostatique que la tige de l'instrument tient renversée sur elle? quand le corps étranger est plat, léger, et c'est ce qui arrive souvent lorsqu'il s'agit de fragments détachés de calculs à couches concentriques? quand la vessie est hérissée de colonnes charnues ou creusée de nombreuses cellules? quand les débris sont liés entre eux par des matières pseudo-membraneuses? Lorsqu'on ouvre une vessie où sont encore quelques fragments, il faut parfois certaines précautions pour les détacher de la membrane muqueuse à laquelle ils semblent collés, et, à entendre M. Heurteloup, il les ferait sauter dans cet organe comme on fait sauter le grain dans un van!

Et d'ailleurs, quand la vessie est fortement hypertrophiée, enflammée, la muqueuse mamelonnée et saignante au moindre attouchement, ces dépressions fortes et répétées n'ont-elles aucun inconvénient? M. Heurteloup a avancé et affirmé qu'entre les mains des autres praticiens la lithotritie crée plus de pierres qu'elle n'en détruit. Un autre n'oserait pas produire une accusation semblable sans des preuves surabondantes à l'appui; mais M. Heurteloup le dit et le redit, partout et à satiété, parce qu'il lui plaît de le dire, parce que ses idées théoriques l'ont conduit là (*De la Lith.*, p. 83). Eh bien! permettez-moi de vous exposer, à mon tour, comment la théorie m'a conduit à supposer que le procédé qu'il emploie exclusivement doit avoir plus que tout autre ce triste résultat.

D'abord je suis convaincu que, malgré le renversement du malade et les secousses brusques qu'on lui fait subir, il peut arriver que des fragments ne descendent pas jusqu'aux cuillers; que d'autres fois ils y arrivent, mais n'escaladent pas les bords et restent à côté ; que, dans d'autres circonstances, ils ne soient pas entièrement compris entre les cuillers et qu'au moment du rapprochement ils soient coupés de manière qu'une partie seulement soit extraite. Ce ne sont, me dira-t-on, que des parcelles qui sortiront avec l'urine ; mais s'il y a rétention d'urine ! ou si seulement la vessie ne se vide pas entièrement ! ou si, bien que permettant à la vessie de se vider, la prostate fait autour de son orifice une sorte de barrière qui empêche les fragments d'y arriver ! Remarquez que ce ne sont pas là des suppositions, mais des complications ou des causes fréquentes de calculs. Eh bien ! dans tous ces cas, avec le seul procédé de M. Heurteloup, on est exposé à laisser des débris.

Une autre complication fréquente, puisqu'elle résulte également d'une dysurie antérieure, ce sont des cellules ou alvéoles formées par des hernies de la muqueuse à travers la couche musculaire. Or la paroi postérieure de la vessie en est un des siéges les plus habituels. Si c'est constamment sur cette paroi que vous vous appliquez à diriger les fragments, ne pourra-t-il pas arriver que quelques-uns pénètrent dans ces cavités ? Ne courrez-vous même pas grand risque de les y enfoncer vous-même avec le talon de l'instrument dans vos manœuvres de dépression ? Et alors ne donnerez-vous pas lieu à des calculs de la pire espèce, c'est-à-dire à des calculs enchatonnés ?

Malgré ce que ces craintes ont de fondé, je ne néglige cependant pas, surtout pour saisir les pierres et les gros fragments, ces manœuvres de dépression ; mais, sans nier la valeur du lit mécanique dans ce cas, je dis qu'il n'est pas indispensable. On soulève avec des coussins un peu durs le siége du malade, on déprime la paroi postérieure de la vessie avec le talon du lithotribe, et souvent alors la pierre tombe d'elle-même entre ses mors. Si cela ne suffit pas, il est facile de remplacer les secousses de totalité, que M. Heurteloup fait subir au malade au moyen de son lit, par une sorte de tremblement qu'on imprime à la paroi postérieure de la vessie en percutant à petits coups, soit avec les doigts, soit avec le marteau, sur la rondelle dont la branche femelle est munie extérieurement.

Mais à cette manœuvre j'en ajoute une autre que M. Heurteloup a tort, à mon avis, de ridiculiser : c'est celle qui consiste à aller chercher le détritus dans le bas-fond avec le bec de l'instrument. C'est là en effet que les fragments s'accumulent dans l'intervalle des séances, et, si l'on se sert d'un brise-pierre dont les mors soient proportionnés à la profondeur du bas-fond, il suffit de les écarter modérément et de les tourner en arrière pour en saisir immédiatement. On agit ensuite de même dans les différents points déclives.

Quand il n'en reste presque plus, on peut les concentrer davantage en vidant en partie la vessie; car cette manœuvre n'exige pas un grand espace. La paroi postérieure se rapproche alors de l'antérieure, et les fragments se rendent tous dans le pli formé par la première et l'inférieure. En portant alors le bec de l'instrument en arrière, il est ordinairement facile, avec un peu d'habitude, de les sentir, et on les saisit immédiatement. Je dois cependant dire que souvent il est bon de les reconnaître préalablement, ainsi que le point précis où ils se trouvent, avec ma sonde coudée, parce que, la sensation se divisant dans la masse de l'instrument, elle est d'autant mieux appréciable que cette masse est plus faible. De forts lithotribes seraient alors défectueux, et par leur volume, qui fait qu'ils sont serrés par le canal, et par leur poids, qui affaiblit la sensation en la divisant. Je répète que M. Heurteloup réprouve cette manœuvre; il l'accuse de mâchonner et de perforer la vessie (*Monit. des Hôpit.*, 1858, p. 67); mais elle donne bien plus de certitude de ne laisser aucun débris que lorsqu'on s'en rapporte uniquement, comme il le fait, aux résultats hasardeux du renversement et des secousses, et il est facile de prévenir l'accident qu'il redoute en munissant les brise-pierre de cette rondelle qui empêche à volonté les mors des miens de se rapprocher complétement.

Mais, pour exécuter cette manœuvre, les percuteurs du commerce et ceux de M. Heurteloup surtout sont très-imparfaits. Ils ont tous en effet le mors de la branche mâle plus court que celui de la branche femelle. Il résulte de cette simple inégalité une grande difficulté à saisir les fragments peu volumineux; car, si vous vous figurez l'instrument dans la vessie et son bec tourné vers le bas-fond, vous comprendrez que cette inégalité se trouve encore considérablement accrue par l'obliquité de la tige, et que le bec de la branche mâle doit passer très-souvent par-dessus les débris.

Il est d'ailleurs évident que, quand la pierre est adhérente ou enchatonnée, on n'a chance de la détacher qu'en allant la chercher où elle est, et qu'alors le lit est inutile et l'inégalité des mors nuisible.

Un autre avantage que M. Heurteloup trouve à son lit mécanique et qu'il regarde comme capital, c'est qu'il lui fournit un point fixe pour assujettir l'instrument pendant qu'il opère la percussion. A cet égard encore, Messieurs, je vous dirai avec franchise : Oui, cet appareil peut rendre des services; mais est-il indispensable? Est-il seulement toujours utile? Est-il sans inconvénients? Ce sont-là autant de questions que je vais examiner.

1º Il est certain que, lorsqu'on emploie le marteau, l'instrument doit être fixé au dehors de manière à ce que les coups ne retentissent que le moins possible sur les parois de la vessie, et que plus la fixité est grande, moins il y a de douleur, plus il y a de sécurité. Or l'étau et le lit mécanique ne faisant qu'un, le malade étant fixé sur le lit et le percuteur dans l'étau, il résulte de cet assemblage des conditions de fixité aussi grandes que possible. Cependant sont-elles aussi absolues que le prétend l'auteur? Non; si le percuteur est immobile dans la vessie, le bassin du malade peut encore, malgré toutes les précautions, tous les liens, se mouvoir sur le percuteur, et l'immobilité de celui-ci devient alors un danger.

Ceux qui se passent de lit mécanique emploient un étau à main. M. Heurteloup s'est efforcé de ridiculiser cet étau, et il vous a dit, entre autres choses, qu'il faut quatre hommes pour le maintenir. Vous le voyez, en comptant l'opérateur, le malade se trouve entouré d'une escouade. Eh bien! Messieurs, la vérité, c'est qu'un seul suffit; je n'en ai jamais employé plus d'un, et je n'ai jamais, je le répète, trouvé de pierre qui m'ait résisté. Je pourrais en appeler ici au témoignage de l'un de vos collègues, M. Bourguignon, chez deux des clients duquel j'ai été obligé de recourir à la percussion. Il faut, j'en conviens, que cet aide réunisse certaines conditions de taille, de force et d'intelligence; mais est-ce que le lit de M. Heurteloup n'exige pas une charrette d'une certaine forme pour le loger, et j'ajouterais, si j'usais de son style, un cheval d'une certaine force pour le traîner?

L'étau à main n'a pas, j'en conviens, l'immobilité de l'étau fixe, mais c'est un avantage si le bassin du malade vient à se déplacer; l'opérateur, qui le tient, lui aussi, de la main gauche par le milieu pendant qu'il percute avec la droite, est averti des changements qui s'opèrent dans la position relative de la vessie et du brisé-pierre; il peut par conséquent obéir à ces mouvements et s'arrêter sitôt qu'il le juge convenable. Je ne me rappelle pas avoir jamais vu des accidents graves résulter de cette conduite, tandis que je pourrais vous citer un cas récent de percussion avec le lit et le point fixe qui fut suivi d'une infiltration urineuse du bassin et de mort en trois ou quatre jours de temps.

2° Nous venons de voir qu'on peut toujours se dispenser de l'étau fixe; mais les étaux sont-ils toujours utiles? Il est évident que cette utilité est subordonnée à celle de la percussion. Or je pose en fait que celle-ci n'est tout au plus utile que dans le tiers des cas, et encore tout à fait au début, et seulement pour fragmenter la pierre. Dans tous les autres la compression, soit à l'aide d'une vis, soit avec le pignon, suffit. Quand les pierres sont petites, ou qu'elles sont friables, ou qu'elles sont déjà passablement brisées, dire que la compression est moins efficace que la percussion, ou qu'elle est plus dangereuse, ou qu'elle est plus pénible, c'est soutenir qu'il fait nuit en plein jour; aussi ne perdrai-je pas mon temps à réfuter une pareille assertion.

3° Enfin le lit mécanique n'a-t-il pas des inconvénients?

J'ai déjà effleuré ce sujet lorsque je vous ai dit que l'immobilité même du point fixe pouvait avoir des dangers. Je vous ai parlé aussi de la difficulté de transporter ce lit. Certes, ce n'est pas un appareil de poche. Aussi qu'arrive-t-il? Que ce n'est pas le chirurgien qui se rend chez le malade, mais le malade qui se transporte chez le chirurgien pour retourner ensuite chez lui, quelque saison que ce soit, quelque temps qu'il fasse. Je n'ajouterai pas : quelle que soit la position du malheureux patient, parce que je ne sais pas à quel degré de gravité M. Heurteloup s'arrête; mais je dirai : Ou bien il n'opère pas certains malades qu'avec des procédés moins compliqués on aurait pu rendre à la santé, ou bien, s'il les opère chez lui, il commet d'étranges témérités. Quoi! un homme est dans un état complet d'épuisement, il est en proie à la fièvre, il ne peut quitter le lit, et vous le forcez à venir chez vous! Sa vessie est enflammée, le moindre mouvement lui cause des douleurs atroces, des hématuries, et vous le faites descendre de chez lui, monter dans une voiture, cahoter sur le pavé et grimper votre escalier! Après l'opération, ses souffrances sont encore plus vives, ses pertes de sang souvent plus abondantes et la fièvre plus forte ; il est exténué de fatigue; il frissonne, il grelotte, et il faut qu'il recommence toutes ses pérégrinations! Vous ne direz pas qu'on est libre alors de se transporter chez lui avec des instruments de poche, car il vous semblerait sans doute déraisonnable de réserver ce qu'il y a de plus mauvais pour les cas les plus graves, et vous trouverez plus logique de transporter au domicile du patient votre appareil si lourd et si compliqué. Mais, dans quelques circonstances, un pareil charroi est-il possible? Un malade du département de l'Orne vint, il y a quelques mois, à Paris consulter un chirurgien des plus distingués ; celui-ci, après avoir exploré plusieurs fois sa vessie, lui dit qu'il n'avait qu'un catarrhe, et le renvoya dans son pays, muni d'une ordonnance basée sur ce diagnostic. Mais, après son retour, les accidents s'aggravèrent rapidement, et bientôt il se vit réduit à ne plus quitter sa chambre ni même son lit. On me fit venir dernièrement. Avec de pareils renseignements, M. Heurteloup se serait-il fait escorter de tout son appareil? Moi, je ne l'aurais pas fait; néanmoins, à tout hasard, je mis dans ma boîte mes lithotribes de poche, et bien m'en prit; car je trouvai un calcul d'acide urique de quatre à cinq centimètres de diamètre, que je broyai immédiatement et dont je débarrassai le malade en quatre, ou plutôt en trois séances.

Je viens de supposer des cas où l'emploi du lit mécanique est bien difficile, même quand on le possède ; mais, de bonne foi, combien de praticiens sont posés de telle sorte qu'on puisse exiger d'eux qu'ils s'en munissent, en supposant même que l'auteur l'ait fait complètement connaître. Celui-ci répondra sans doute : Qu'ils m'envoient leurs calculeux. Mais…, y a-t-il bien réfléchi ? Et puis sera-t-il toujours de ce monde ?

De tout ceci je conclus que le brise-pierre courbe à deux branches serait déjà mort, comme la pince à trois branches, comme le brise-coque, etc., si les complications dont on l'a entouré étaient indispensables, et qu'en blâmant toute modification, comme il le fait, M. Heurteloup manque encore de justice et de reconnaissance.

Je viens de passer en revue, Messieurs, les divers moyens et manières actuellement usités de saisir la pierre et de la broyer ; que faire alors de ses débris ? M. Heurteloup, qui paraît avoir étudié le cœur de l'homme au moins autant que sa vessie, promet une guérison immédiate et par conséquent l'extraction immédiate des fragments. Mais, je l'ai déjà dit, ce qu'on retire avec le brise-pierre à cuillers est de la poudre ou à peu près ; si le malade urine bien, il l'aurait rendue facilement, spontanément. Par l'emploi de mon brise-pierre à mors plats, au lieu de celui à cuillers, on aurait évité bien des extractions et réintroductions, et, tout en fatiguant moins le malade, on aurait poussé la pulvérisation plus loin. Et puis, Messieurs, défions-nous toujours de ces promesses pompeuses de guérison immédiate ; il reste encore tant d'incertitudes dans la science, et la nature semble tellement se jouer de nos prévisions, que nous nous trouverions à chaque instant dans l'alternative de mentir ou de nous démentir ! et, comme nous n'aimons ni l'un ni l'autre, nous nous trouverions involontairement conduit à manquer de prudence pour ne pas paraître manquer de bonne foi. D'ailleurs il ne faut pas croire que le nombre de séances de lithotritie bien faite soit aussi dangereux qu'on le dit. Pourquoi, en mettant un intervalle convenable entre elles, la seconde serait-elle plus funeste que la première, et la troisième que la seconde ? J'ai remarqué au contraire que, quand une lithotritie *bien faite* doit se terminer mal, c'est le plus souvent après la première séance que les accidents se produisent, ce qui tient à ce que le grand écueil de cette opération, ce sont des affections chroniques des reins qui, latentes auparavant, se réveillent quelquefois au premier contact des instruments. Or plus une séance sera longue et plus on répétera le passage du brise-pierre, plus le malade courra de dangers.

D'un autre côté, quand les débris ne peuvent pas être expulsés, il faut les extraire. Mais l'instrument à cuillers suffira-t-il ? En admettant qu'on puisse faire sauter tous les fragments de quelque volume dans sa cavité, en sera-t-il de même des très-petits, et surtout de la poudre ? Non, M. Heurteloup en convient lui-même (*Lith.*, etc., p. 214 et 243). Ces débris pourront donc les uns grossir, les autres s'agglomérer, quelque matière animale aidant.

C'est surtout dans ces circonstances que mes sondes à double courant rendent les plus grands services (Voir mes *Rech. sur le Trait.*, etc., p. 569). Mais je ne pénétrerai pas davantage dans l'étude de ces cas compliqués, par la raison que M. Heurteloup ne nous a entretenus, ce me semble, que des plus simples.

En résumé, Messieurs, je crois vous avoir démontré que la lithotritie n'a pas autant dégénéré en France que M. Heurteloup veut bien le dire. S'il peut reprocher des insuccès à ses confrères (1), qu'il n'oublie pas qu'en fait de terminaisons il n'a pas que des guérisons immédiates à proclamer. On lui a demandé pourquoi il a quitté l'Angleterre, sol si riche en calculs urinaires : je n'imiterai pas cette indiscrétion. Mais on lui a fait une autre question : Pourquoi, lui a-t-on dit, en France, où vous n'étiez pas, la lithotritie a-t-elle toujours joui d'une grande vitalité, tandis qu'elle n'a toujours eu qu'une existence précaire en Angleterre, où les préceptes et les exemples du maître auraient dû lui imprimer une énergie à toute épreuve? Savez-vous, Messieurs, quelle a été sa réponse? Je la cite textuellement : « Si la lithotripsie semble plus vivace en France qu'en Angleterre, c'est que des intérêts particuliers ont su lui donner une renommée qui profitait à ces intérêts. En Angleterre, ceux qui embouchent la trompette sont perdus dans l'estime publique ; la vraie lithotripsie ne pouvait donc s'étayer de ce moyen. » (*De la Lith.*, etc., p. 77.) Je vous avoue que cette explication ne me satisfait guère, je sais bien qu'en France l'annonce et la réclame sont depuis quelque temps dans un état florissant de prospérité ; mais je ne puis croire encore qu'elles y soient un produit indigène, et je les soupçonnais même de nous avoir été importées d'Angleterre. Quoi qu'il en soit, si elles sont si nécessaires au développement de la lithotritie, tout doit nous faire espérer qu'elle va prendre chez nous un plus brillant essor. Depuis trop longtemps elle se borne à capter l'attention publique par le cliquetis bruyant d'instruments qu'elle n'a jamais montrés.... pour de bonnes raisons sans doute.

---

(1) Pour se faire une idée des reproches de M. Heurteloup, qu'on consulte la p. 76 de son ouvrage intitulé : *De la Lithotripsie*. Et c'est dans les suppositions les plus offensantes qu'il recherche la cause des désastres qu'il prête aux autres chirurgiens !

Paris. — Imprimerie LE NORMANT, rue de Seine, 10.

www.ingramcontent.com/pod-product-compliance
Ingram Content Group UK Ltd.
Pitfield, Milton Keynes, MK11 3LW, UK
UKHW020152080726
13614UKWH00006B/2531